Übungsbuch für erwachsene Leseanfänger

Übungen zu Rechtschreibung, Wortschatz,
Grundwissen und Sprachstrukturen

Teil 1

Voraussetzung:
Alle Buchstaben sind bekannt.

Gisela Darrah

Herstellung und Verlag:
BoD - Books on Demand, Norderstedt
ISBN 978-3-7357-2396-3

Inhaltsverzeichnis
Teil 1: Übungen für Teilnehmer mit Buchstabenkenntnissen

1. Wortbedeutung	S. 5
2. Ja oder nein?	S. 6
3. Komposita	S. 7
4. Suchrätsel	S. 8
5. Wortschlange teilen	S. 12
6. Vokale einsetzen	S. 13
7. Schüttelwörter	S. 14
8. Formular	S. 17
9. Wochentage und Monate	S. 19
10. Wörter alphabetisch ordnen	S. 22
11. Neue Wörter bilden	S. 23
12. Erstes Leseverstehen	S. 24
13. Komposita und Vokale	S. 25
14. Ja oder nein?	S. 26
15. Fragewörter	S. 27
16. Einsetzübung	S. 29

Teil 2
Übungen für Teilnehmer mit Kenntnissen in Buchstabenkombinationen

1.	Farben	S. 31
2.	Übung zu „eu"	S. 32
3.	Übung zu „au" und „äu"	S. 34
4.	Fragewörter	S. 36
5.	Wortfamilien	S. 37
6.	Wörter alphabetisch ordnen	S. 39
7.	Übung zu Farben	S. 40
8.	Finde den Rechtschreibfehler	S. 41
9.	Diphthonge einsetzen	S. 42
10.	Konjugation im Präsens	S. 43
11.	Text in anderer Person schreiben	S. 45
12.	Wörter nach Oberbegriffen sortieren	S. 47
13.	Formular	S. 48
14.	Übung zu Monaten und Jahreszeiten	S. 49

Was ist im Salat? Markieren Sie:

Keller   Wald   Tomate   Kasten   Zwiebel   Amerika   Salz

Frage   Mama   Öl   Wetter   Gurke   Wort   Wand   Winter

Zitrone   Rose   Formular   Mund   Paprika   Kasse   Holz

Was ist rund? Markieren Sie:

Ball   Wasser   Teller   Tafel   Banane   Bett   Bad   Mond   Rad

Regen   Kasten   Hemd   Herz   Fußball   Lampe   Radio   Gabel

Was ist braun? Markieren Sie:

Apfel   Banane   Nuss   Holz   Butter   Gras   Himmel   Tomate

Schokolade   Tomate   Paprika   Kaffee   Hase   Salz   Tee   Hase

Was ist Gemüse? Markieren Sie:

Ball   Apfel   Blumenkohl   Karotte   Banane   Tomate   Paprika

Sofa   Blume   Zwiebel   Ananas   Bohne   Messer   Erbse

Gurke   Gabel

Ist das richtig oder falsch?
*Schreiben Sie **ja** oder **nein**.*

1. Das Rad ist rund. ....

2. Der Elefant ist klein. ....

3. Im Café gibt es Döner. ....

4. Im Pass ist ein Foto. ....

5. Das Handy ist ein Telefon. ....

6. Die Finger sind am Fuß. ....

7. Die Zitrone ist gelb. ....

8. Ali ist ein Familienname. ....

9. Der Ball ist rund. ....

10. Im Januar ist es warm. ....

11. Das Baby ist klein. ....

12. Die Tomate ist ein Gemüse. ....

13. Karotten sind blau. ....

14. Die Gurke ist grün. ....

15. Das Herz ist rot. ....

16. Maria ist ein Vorname. ....

17. Papa und Mama sind die Eltern. ....

18. Der Keller ist oben. ....

Was passt zusammen? Schreiben Sie 4 Wörter:

Tomaten-   -kanne

Kino-   -blume

Kaffee-   -suppe

Sonnen-   -film

1. ....   2. ....

3. ....   4. ....

Was passt zusammen? Schreiben Sie 4 Wörter:

Familien-   -kissen

Sand-   -album

Sofa-   -name

Foto-   -kasten

1. ....   2. ....

3. ....   4. ....

K	A	M	M	N	N	D	A	S	K
A	S	M	M	A	N	N	B	A	D
N	T	A	L	S	A	L	D	N	T
N	M	D	A	E	M	D	T	D	A
E	N	A	S	F	B	A	L	D	K
A	L	S	S	A	A	L	S	S	K
N	A	M	E	S	L	A	M	M	A
D	N	M	T	S	L	M	D	A	S
A	D	K	A	N	N	E	A	L	S
K	L	A	S	S	E	T	S	D	E

Finden Sie diese Wörter im Suchrätsel:

Waagerecht:
Kamm, das, Mann, Bad, Tal, bald, Saal, Name, Lamm, Kanne, als, Klasse

Senkrecht:
Ast, Land, das, Ball, Sand, Mal, Kasse

N	A	S	E	S	A	L	T	K	D
E	N	A	M	F	A	M	E	A	A
K	A	N	N	E	N	A	M	S	M
A	F	D	K	S	A	N	E	T	E
K	A	L	T	T	A	N	T	E	F
F	K	L	A	S	S	E	N	N	N
N	A	D	S	K	L	A	S	T	A
N	E	S	T	N	E	N	T	E	D
D	E	A	N	A	N	A	S	T	E
M	A	N	T	E	L	S	A	M	L

Finden Sie diese Wörter im Suchrätsel:

Waagerecht:
Nase, Kanne, kalt, Tante, Klasse, Last, Nest, Ente, Ananas, Mantel

Senkrecht:
Sand, Mann, Test, Kasten, Dame, Nadel

L	K	I	N	D	A	E	B	I	N
I	I	N	F	D	E	B	I	S	T
S	S	A	N	N	A	S	N	T	N
A	S	I	N	D	L	A	E	L	E
D	E	M	M	A	I	N	F	E	T
I	N	A	N	A	D	E	L	S	T
M	U	S	T	A	F	A	N	E	S
S	A	N	D	K	A	S	T	E	N
A	M	A	L	E	N	E	M	N	F
A	L	L	E	A	B	I	T	T	E

Finden Sie diese Wörter im Suchrätsel:

Waagerecht:
Kind, bin, ist, Anna, sind, Nadel, Mustafa, es, Sand, Kasten, malen, alle, bitte

Senkrecht:
Lisa, Kissen, Ina

U	N	T	E	N	S	U	P	P	E
T	S	A	B	I	N	E	F	I	T
E	A	N	G	E	S	U	N	D	B
N	M	T	K	I	N	O	E	M	U
F	G	E	L	B	S	D	T	A	S
B	L	U	M	E	K	A	T	S	E
U	O	F	F	E	N	T	S	O	D
N	K	A	F	F	E	E	A	F	E
T	E	L	E	F	O	N	D	A	S
S	O	N	N	E	E	S	S	E	N

Finden Sie diese Wörter im Suchrätsel:

Waagerecht:
Unten, Suppe, Sabine, fit, und, Kino, Blume, offen, Kaffee, Telefon, das, Sonne, essen

Senkrecht:
bunt, Tante, Sofa, Bus

Teilen Sie die Wortschlange und schreiben Sie die Wörter:

ZahnButterFamiliennameKinderLampeHammerBild
WagenAmpelWortHotelGroßmutterZentimeterBrot
ImbissSupermarktGemüseLöffelGabelHaus

1. .... 2. ....

3. .... 4. ....

5. .... 6. ....

7. .... 8. ....

9. .... 10. ....

11. .... 12. ....

13. .... 14. ....

15. .... 16. ....

17. .... 18. ....

19. .... 20. ....

Welche Buchstaben fehlen? Schreiben Sie:
(Auch als Vokaldiktat)

a - e - i - o – u - O

1. Vater und M _ tter sind die Eltern.

2. Oma und _ pa sind die Großeltern.

3. Das Hotel hat viele Z _ mmer.

4. Es regnet. Die Erde ist n _ ss.

5. Da ist Musik. Wir t _ nzen.

6. Das Herz ist r _ t.

7. Das W _ tter ist kalt.

8. Im Sommer ist es w _ rm.

9. Im W_ nter ist es kalt.

10. Die Sonnenblume ist g _ lb.

11. Wir trinken K _ ffee.

12. Ich trinke C _ la.

Wie heißt das Wort? Ordnen Sie die Buchstaben und schreiben Sie:

Kamm – Bett – Fass – Kasten – Nase - Lamm – Nest – Kasten – Ball – Kanne – Ast – Bad

mamL ....

lalB ....

dBa ....

tBet ....

naneK ....

Ats ....

mamK ....

ssFa ....

eNas ....

Kssae ....

stenKa ....

Nste ....

Wie heißt das Wort? Ordnen Sie die Buchstaben und schreiben Sie:

Kuss – Besen – Geld – Mappe – Kissen – Suppe – Puppe – Ente – Bild – Gabel – Bus - Kappe

seBen ....

issKen ....

upPep ....

aKepp ....

blaGe ....

uBs ....

lidB ....

tenE ....

puSep ....

Maepp ....

Gled ....

ssKu ....

Wie heißt das Wort? Ordnen Sie die Buchstaben und schreiben Sie:

Koffer – Blume – Rad – Regal – Garten – Brot – Bart – Formular – Radio – Rose – Sonne - Butter

luBme ....

dRa ....

geRal ....

rtBa ....

arFomur ....

reButt ....

neSon ....

ioRad ....

oesR ....

rtBo ....

aetrGn ....

freKof ....

Wie heißt das Wort? Ordnen Sie die Buchstaben und schreiben Sie:

Zentimeter – Wetter – Zigarette – Wand – Hammer – Hand – Hals – Hase - Hut – Wasser – Wald - Heft

daWn ....

slaH ....

saHe ....

fetH ....

reZetinmet ....

Wlda ....

ssWaer ....

daHn ....

erHmma ....

utH ....

ttZiregae ....

etWret ....

Schreiben Sie Ihre Personalien in das Formular:

Familienname: ....

Vorname: ....

Postleitzahl: ....

Wohnort: ....

Straße: ....

Hausnummer: ....

Fragen Sie eine andere Person und schreiben Sie ihre Adresse:

Familienname: ....

Vorname: ....

Postleitzahl: ....

Wohnort: ....

Straße: ....

Ordnen Sie die Wochentage:

Dienstag - Freitag - Mittwoch - Montag - Samstag - Donnerstag - Sonntag

1. ……………………………………

2. ……………………………………

3. ……………………………………

4. ……………………………………

5. ……………………………………

6. ……………………………………

7. ……………………………………

Welche Buchstaben fehlen?

Di _ nstag - Fre _ tag - Donn _ rstag - S _ mstag - Mont _ g - Mitt _ och - S _ nntag

Ordnen Sie die Monate:

Februar - Dezember - August - November - Januar - März - Mai - September - April - Juni - Oktober - Juli

1. ....

2. ....

3. ....

4. ....

5. ....

6. ....

7. ....

8. ....

9. ....

10. ....

11. ....

12. ....

Welche Buchstaben fehlen? Ergänzen Sie:

....

Jan_ar	Fe_ruar	M_rz
Ap_il	M_i	Jun_
J_li	Au_ust	Se_tember
Okt_ber	No_ember	Deze_ber

....

Mo_tag	Di_nstag	Mitt_och
Donner_tag	Frei_ag	Sa_stag
S_nntag		

....

Fr_hling	Som_er	H_rbst
Win_er		

....

Morg_n	Vor_ittag	Mi__ag
N__chmittag	A_end	N_cht

Ordnen Sie diese Wörter nach dem Alphabet:

ABCDEFGHIJKLMNOPQRSTUVWXYZ

Geld Foto Vogel Ananas Nase Dose Rose Banane

Saft Cola Ente Hose Mantel Quittung Luft Wand

Papa Zitrone Uhr Igel Oma Tante Kaffee Jahr

A - .... B - .... C - ....

D- .... E - .... F- ....

G - .... H - .... I - ....

J - .... K - .... L - ....

M - .... N - .... O - ....

P - .... Q - .... R- ....

S - .... T - .... U - ....

V - .... W - .... Z- ....

Schreiben Sie neue Wörter:

Beispiel: Rose
            D _ _ _   =   **Dose**

....

1. Messer   2 Name   3. Tanne
   b _ _ _ _ _   _ _ s _   K _ _ _ _

4. Wind   5. was   6. Mann
   K _ _ _   d _ _   k _ _ _

7. Besen   8. voll   9. Kante
   l _ _ _ _   t _ _ _   T _ _ _ _

10. Wand   11. Butter   12. Bett
    S _ _ _   M _ _ _ _ _   n _ _ _

13. Nagel   14. Tasse   15. Mund
    _ _ d _ _   K _ _ _ _   _ o _ _

Lesen Sie den Text.
*Antworten Sie: **Ja** oder **nein**.*

Anton und Sara wohnen in Worms. Sie gehen zum Kindergarten. Um 9 Uhr beginnt der Kindergarten. Sie malen und spielen im Sand.
Sara ist im Sandkasten. Anton malt ein Bild. Da kommt Mama. Sie gehen zum Mittagessen.

1. Anton und Sara wohnen in Alzey. ....

2. Die Kinder gehen in den Kindergarten. ....

3. Der Kindergarten beginnt um 10 Uhr. ....

4. Anton ist im Sandkasten. ....

5. Sara malt. ....

6. Da kommt Papa. ....

7. Sie gehen zum Mittagessen. ....

Schreiben Sie wie im Beispiel:

1. die Tomaten - **der** Salat   **der** Tomatensalat

2. die Kartoffel - **der** Salat   ....

3. das Obst - **der** Salat   ....

4. die Gurken - **der** Salat   ....

5. die Nudel - **der** Salat   ....

6. die Paprika - **der** Salat   ....

Setzen Sie die Vokale ein: a - e - i - o - u – O (Auch als Vokaldiktat)

der W _ ntermantel	der R _ genmantel
der W _ sserball	der T _ nnisball
das R _ genwetter	das S _ mmerwetter
die W _ ltkarte	die Am _ rikakarte
der Bl _ menladen	der _ bstladen
die T _ ekanne	die K _ ffeekanne
das S _ fakissen	das K _ pfkissen
das B _ ttermesser	das _ bstmesser
das K _ nderbett	das Elt _ rnbett
der W _ sserkasten	der L _ mokasten
das S _ mmerfest	das Gr _ llfest

25

*Ist das richtig oder falsch? Schreiben Sie **ja** oder **nein**.*

1. Das Bild ist an der Wand.   ....

2. Der Salat ist in der Kanne.   ....

3. Amerika ist im Westen.   ....

4. Wir lesen im Wasser.   ....

5. Die Musik ist im Radio.   ....

6. Die Bratwurst ist rund.   ....

7. Die Tafel ist an der Wand.   ....

8. Der Teller ist gesund.   ....

9. Im Winter ist es kalt.   ....

10. Wir werfen den Salat.   ....

11. Die Tomate ist rot.   ....

12. Die Sonnenblume ist gelb.   ....

13. Der Keller ist oben.   ....

14. Das Rad ist rund.   ....

15. Die Ware ist im Laden.   ....

16. Mama und Papa sind die Kinder.   ....

17. Alle Blumen sind gelb.   ....

18. Die Buskarte ist an der Wand.   ....

Welches Fragewort passt? Setzen Sie ein:

| was?   wer?   wann?   wo? |

1. .... ist das? - Das ist ein Kuli.

2. .... ist das? - Das ist Ibrahim.

3. .... ist das Bad? - Das Bad ist links.

4. .... wollen wir? - Wir wollen lernen.

5. .... kommt mit? - Die Kinder kommen mit.

6. .... sind die Kinder? - Die Kinder sind im Kino.

7. .... kommt Oma? - Oma kommt am Sonntag.

8. .... ist das Wasser? - In der Badewanne.

9. .... ist das Fest? - Das Fest ist morgen.

10. .... will baden? - Lisa will baden.

11. .... ist der Termin? - Der Termin ist um 10 Uhr.

12. .... wohnen Sie? - In Alzey.

13. .... will lesen? - Alle wollen lesen.

14. .... ist das? - Das ist die Tafel.

15. .... essen wir? - Wir essen Salat.

16. .... ist die Pause? - Die Pause ist um 10 Uhr.

17. .... ist der Bus? - Der Bus ist da.

18. .... kann lesen? - Ali kann lesen.

19. .... ist das? - Das ist Regina.

20. .... ist das? - Das ist ein Radio.

21. .... werfen die Kinder? -

Die Kinder werfen den Ball.

22. .... essen die Eltern? - Die Eltern essen Bratwurst.

23. .... ist die Wunde? - Die Wunde ist am Arm.

24. .... ist die Ware? - Die Ware ist im Laden.

25. .... ist Amerika? - Im Westen.

26. .... ist der Ball? - Der Ball ist im Garten.

27. .... will baden? - Mustafa will baden.

28. .... kommt Tante Emma? -

Tante Emma kommt am Montag.

Was passt? Setzen Sie ein:

Herbst – Hemd – Hase – trinken – Himmel – Hammer – kalt – Brot – Wolke – Hunger – Teller – Husten – Radio – Hund - Keller

1. Das Bild kommt an die Wand. Wir holen den H _ _ _ _ _ .

2. Wir essen B _ _ _ mit Butter.

3. Armin hat H _ _ _ _ _ . Da ist die Suppe.

4. Walter will t _ _ _ _ _ _ . Wo ist das Mineralwasser?

5. Es ist nicht warm. Es ist _ _ _ _ .

6. Im Oktober ist es H _ _ _ _ _ . Der Wind ist kalt.

7. Die Suppe ist im T _ _ _ _ _ .

8. Der H _ _ _ macht wau-wau.

9. Sara ist krank. Sie hat H _ _ _ _ _ .

10. Der H _ _ _ kommt an Ostern.

11. Wie ist das H _ _ _? Es ist bunt. Und die Hose ist grau.

12. Am Himmel ist die W _ _ _ _ .

13. Wir hören Musik. Das R _ _ _ _ ist an.

14. Die Kartoffeln sind im K _ _ _ _ _ .

15. Es ist Herbst. Der H _ _ _ _ _ ist grau.

Übungsbuch Grundkurs Lesen und Schreiben

Übungen für erwachsene Leseanfänger

Teil 2

Voraussetzung: Kenntnisse von Buchstaben und Buchstabenkombinationen

Übungen zu Rechtschreibung, Wortschatz, Grundwissen und Sprachstrukturen

Ordnen Sie diese Wörter nach der Farbe:

....

Banane – Baum – Tomate – Himmel – Schokolade – Orange – Schnee -

Sonne – Gras – Apfel – Holz – Meer – Zitrone – Mund – Hase – Hund -

Salat – Milch – Wolken – Trauben – Teller – Elefant – Maus – Herz

....

gelb: ....

grün: ....

rot: ....

blau: ....

braun: ....

orange: ....

weiß: ....

Schreiben Sie Sätze: Die Banane ist gelb.

....

....

....

....

Sätze und Aufgaben zu „eu".
Lesen Sie die Sätze.

1. Deutschland liegt in Europa.
....

2. Unser Geld heißt Euro.
....

3. Meine Freundin heißt Eva.
....

4. Heute Morgen ist es kalt.
....

5. Viele Leute gehen am Samstag einkaufen.
....

6. Fünf und vier ist neun.
....

7. Mein Heft ist neu, aber mein Bleistift ist alt.
....

8. Peter raucht nicht. Er hat kein Feuerzeug.
....

9. Sinan ist neunzehn Jahre alt.
....

10. Das neue Handy ist teuer.
....

Was passt? Bilden Sie Sätze wie auf S. 32:

1. Viele .... gehen am Samstag einkaufen.

2. Meine .... heißt Emine.

3. Unser Geld heißt ....

4. Ali ist (19) .... Jahre alt.

5. Drei und sechs ist .... (3+ 6 = 9)

6. Italien liegt in ....

7. Regina raucht nicht. Sie hat kein ....

8. .... Abend ist es kalt.

9. Meine Tasche ist .... , aber mein Mantel ist alt.

10. Das neue Handy ist ....

11. ….................... liegt mitten in Europa.

12. Das Buch kostet zwanzig …....................

13. Sieben und zwei ist …................... (7 + 2 = 9)

14. Mein …....................... heißt Peter.

Setzen Sie ein: au oder äu:

1. Unser Wohnzimmer ist ein großer R _ _ m.

2. Heute Nacht hatte ich viele Tr _ _ me.

3. Ich arbeite als B _ _ arbeiter und meine Fr _ _ ist H _ _ s fr _ _.

4. In meiner Straße gibt es viele schöne H _ _ ser.

5. Will Mustafa ein H _ _ s k _ _ fen?

   Nein, er hat schon drei H _ _ ser.

6. Das Rath _ _ s ist ein großes Geb _ _ de.

7. Willst du dein Auto verk _ _ fen?

   Ja, ich habe schon einen K _ _ fer.

8. Warte, nicht so schnell! Ich kann nicht so gut l _ _ fen.

9. Haben Sie ein Haustier?

   Ja, meine Tochter hat weiße M _ _ se.

10. In Garten ist ein B _ _ m. Er hat im Herbst rote Äpfel.

11. Das Telefon l _ _ tet. Wer ruft jetzt an?

12. Bitte machen Sie die Musik leiser. Sie ist zu l _ _ t.

Setzen Sie ein: au oder äu:

13. Viele Leute tr _ _ men von viel Geld.

14. Im Park sind viele große B _ _ me.

15. Sandra kann gut l _ _ fen. Sie ist eine gute L _ _ ferin.

16. Im Garten wachsen viele Kr _ _ ter. Petersilie, Dill, Oregano, Salbei, ...

17. Machen Sie die Zigarette aus! R _ _ chen ist hier verboten!

Wie heißt das Gegenteil? Schreiben Sie:

1. Die Kinder sind nicht leise.

   Die Kinder sind ....

2. Sabine rennt nicht langsam.

   Sabine rennt ....

3. Der Elefant ist nicht klein.

   Der Elefant ist ....

4. Da sind nicht nur wenige Leute.

   Da sind .... Leute.

5. Der Traum ist nicht schlecht.

   Der Traum ist ....

Setzen Sie ein: Wer? - Was? - Wann? - Wo?

1. .... kommt der Besuch? - Um 8 Uhr.

2. .... wohnt Ute? - Sie wohnt in Worms.

3. .... kann gut lesen? - Ich kann gut lesen.

4. .... sind Sie von Beruf? - Ich bin Hausfrau.

5. .... ist das Bad? - Hier rechts.

6. .... ist diese Frau? - Das ist Fatma Özer.

7. .... sind Sie geboren? - Am 11. 11. 1990.

8. .... ist das? - Das ist ein Mixer.

9. .... ist der Termin? - Morgen um 10 Uhr.

10. .... ist mein Handy? - Ich weiß nicht.

11. .... will lesen? - Emine will lesen.

12. .... bedeutet das Wort? - Keine Ahnung!

13. .... kommst du morgen?

- Ich komme um 14 Uhr.

14. .... sind Sie geboren? - In Antalya.

*Welche Wörter gehören zu einer **Wortfamilie**?*
Schreiben Sie die Wörter in Gruppen:

schwimmen   kaufen   arbeitslos   Deutschkurs

Käufer   Europa   Feuerzeug   Arbeiter

Europäer   Deutschland   Kaufhaus   Euro

Deutsch   Feuer   Arbeit   Käuferin

Arbeitsplatz   Deutscher   Schwimmbad

Feuerwerk   Schwimmkurs   Europäerin

Schwimmlehrer   Feuerwehr

1. ....   2. ....   3. ....

....

....

....

4. ....   5. ....   6. ....

....

....

....

Was ist das? Welches Wort passt?

Nachbarin   Gebäude   Kirschen   Postleitzahl

Feuerwehr   Freitag   Polizei   Einzelzimmer

Schlüssel   Waschmaschine

1. Sie kommt, wenn es brennt. ....

2. Sie hat die Nummer 110. ....

3. Ein Zimmer für eine Person. ....

4. Das ist ein großes Haus. ....

5. Sie wohnt neben mir. ....

6. Man kann die Tür öffnen. ....

7. Sie kann Wäsche waschen. ....

8. Der Tag nach Donnerstag. ....

9. Sie sind rot und süß. ....

10. Eine Nummer vor dem Wohnort. ....

Ordnen Sie diese Wörter nach dem Alphabet:

ABCDEFGHIJKLMNOPQRSTUVWXYZ

GeldFeuerVogelAnanasNaseDoseRoseBananeSaft

ColaEselHoseMantelQuittungLuftWandPolizei

ZeitungUhrIgelOpaTanteKleidJahr

....

....

....

....

....

....

Kennen Sie die Farben? Antworten Sie:

1. Ist der Himmel grün? - Nein, der Himmel ist ....

2. Ist die Tomate blau? - Nein, die Tomate ist ....

3. Ist die Zitrone rosa? - Nein, ...

4. Ist die Wassermelone schwarz? - ....

....

5. Ist die Banane lila? - ....

6. Ist der Elefant gelb? - ....

7. Ist die Nuss rot? - ....

8. Ist der Schnee braun?- ....

9. Ist das Gras blau? - ....

10. Ist das Meer orange? - ....

11. Ist der Mund grün? - ....

12. Ist das Holz bunt? - ....

13. Ist das Salz gelb? - ....

14. Ist die Sonne rosa? - ....

Ein Wort ist falsch geschrieben.
Markieren Sie den Fehler und schreiben Sie das Wort richtig ins Heft.

1. Kind - Sohn - Tokter - Vater - Mutter - Enkel - Oma - Opa

2. Teller - Tasse - Glas - Gabel - Loffel - Messer - Topf - Kanne

3. Sofa - Tisch - Schrang - Regal - Schreibtisch - Stuhl - Lampe

4. Kuli - Radiergummi - Spitzer - Schultasche - Blestift - Tafel

5. Adresse - Postleitzahl - Strase - Name - Hausnummer - Telefonnummer

6. Nase - Mund - Augen - Bauch - Fuß - Hant - Finger - Ohr

7. Ananas - Banane - Apfel - Birne - Orange - Kiwi - Melune

8. Salat - Kurke - Tomate - Paprika - Blumenkohl - Lauch - Petersilie

9. Reis - Nudeln - Kartoffeln - Zucker - Sals - Kaffee - Tee - Butter

10. Supermarkt - Laden - Rathaus - Post - Bank - Shule - Blumenladen

11. Telefon - Computer - Handi - Fernseher - Internet - Video - Radio

12. schreiben - lessen - lernen - sprechen - malen - markieren

13. Cola - Wasser - Tee - Saft - Kafe - Limonade - Kräutertee

14. Sandkasten - Kindervagen - Kinderbett - Kinderbild

16. Kleid - Tasche - Bluse - Hemd - Hose - Schue

Setzen Sie ein: au - eu - äu – ei (Auch als Diktat)

1. Ich will ein Auto k _ _ fen.

2. In dem Garten sind schöne B _ _ me.

3. In D _ _ tschland sprechen die L _ _ te D _ _ tsch.

4. Sara kauft ein neues Kl _ _d.

5. Die Arbeit ist fertig. Wir haben F _ _ erabend.

6. Das Handy ist n _ _ und t _ _ er.

7. Die Bank ist ein großes Geb _ _ de.

8. Mein Mann ist Bauarb _ _ ter von Beruf.

9. In der Stadt sind viele H _ _ ser.

10. Peter ist kein guter L _ _ fer. Er kann nicht so schnell l _ _ fen.

11. Wir essen zw _ _ Brötchen

12. Du bist h _ _ te in der Schule.

13. Wir sind verh _ _ ratet.

14. Wir l _ _ ten bei Hatice an der Tür.

15. H _ _ te ist ein F _ _ ertag. Wir haben frei.

16. Meine Fr _ _ ndin heißt Maria.

17. Mein Fr _ _ nd heißt Willi.

18. Wir gehen in den Supermarkt _ _ nkaufen.

Übungen zur Konjugation im Präsens. Ergänzen Sie die Endungen. Schreiben Sie die Sätze dann ins Heft.

Verb: bauen

Ich bau _ ein Haus.

Du bau __ eine Mauer.

Er bau _ eine Brücke.

Wir bau __ eine Terrasse.

Ihr bau _ einen Balkon.

Sie bau __ einen Zaun.

Verb: kaufen

Ich kauf _ ein Auto.

Er kauf _ ein Kilo Bananen.

Wir kauf __ Kartoffeln.

Du kauf __ Petersilie.

Ihr kauf _ ein Sofa.

Die Leute kauf __ viele Lebensmittel.

Übungen zur Konjugation im Präsens. Ergänzen Sie die Endungen. Schreiben Sie die Sätze dann ins Heft.

Verb: träumen

Ich träum **e** von Blumen.

Du träum **st** von Schlangen.

Er träum **t** von viel Geld.

Wir träum **en** von Urlaub.

Ihr träum **t** von dem Test.

Die Kinder träum **en** von Musik.

Verb: läuten

Ich läut **e** bei Frau Schäfer an der Tür.

Wir läut **en** bei den Nachbarn.

Du läut **est** bei Fatma an der Tür.

Er läut **et** bei seinem Freund.

Ihr läut **et** bei den Eltern.

Die Leute läut **en** um 12 Uhr.

Übungen zur Konjugation im Präsens. Ergänzen Sie die Endungen. Schreiben Sie die Sätze dann ins Heft.

Verb: suchen

Ich such _ mein Handy.

Du such __ das Geld.

Er such _ seine Frau.

Wir such __ die Post.

Ihr such __ einen Blumenladen.

Die Eltern such __ die Kinder.

Verb: zeigen

Du zeig __ das Buch.

Er zeig _ den Bahnhof.

Wir zeig __ den Brief.

Ich zeig __ das Foto.

Ihr zeig _ den Pass.

Die Leute zeig __ den Ausweis.

Schreiben Sie diesen Text in der ich-Form.
Sie müssen das Verb verändern!!!

Beispiel: Maria **geht** ins Kino.   - Ich **gehe** ins Kino.

Maria geht zum Arzt.
Sie hat einen Termin um 14 Uhr.
Im Wartezimmer wartet sie eine Stunde. Dann ist sie endlich an der Reihe.
Sie zeigt dem Arzt den Arm.
Dann geht sie zur Apotheke.
Sie hat ein Rezept.
Sie bekommt eine Creme für den Arm.
Sie behandelt den Arm mit der Creme.
Jetzt hat sie keine Schmerzen mehr.

....

....

....

....

....

....

....

....

....

*Welche Wörter passen zum Thema **Essen und Trinken**? Markieren Sie:*

Grillparty - Eisenbahn - Dönerladen - Kochlöffel - Straßenbahn - Deutschkurs - Gartenarbeit - Krankenhaus - Tischdecke - Restaurant - Kartoffelsalat - Frühstück - Blumenkohl - Kopfschmerztabletten - Wartezimmer - Schokoladeneis - Bankleitzahl - Überweisung - Sofakissen

*Welche Wörter passen zum Thema **Möbel und Einrichtung**? Markieren Sie:*

Kleiderschrank - Blumenvase - Obstsalat - Elektroherd - Kinderbett - Anmeldung - Eingang - Bilderrahmen - Großeltern - Arbeitsplatz - Esstisch - Postleitzahl - Deutschkurs - Teppich - Kühlschrank - Hammer - Klassenzimmer - Fernseher - Marmelade - Wanduhr - Schuhschrank

*Welche Wörter passen zum Thema **Gesundheit und Krankheit**? Markieren Sie:*

Kopfschmerzen - Deutschbuch - Nudelsuppe - Großmutter - Grippe - Sandkasten - Krankenhaus - Frauenarzt - Krankenkasse - Fladenbrot - Fahrrad - Kalender - Tomatensalat - Tablette - Halsschmerzen - Kasse - Keller - Hautarzt - Autobahn - Ultraschall - Apotheke - Donnerstag

Füllen Sie dieses Formular für Sie aus:

Name, Vorname: ....

PLZ und Wohnort: ....

Straße und Hausnummer: ....

Familienstand: ....

Kinder: ....

Geschlecht: ....

Staatsangehörigkeit: ....

Fragen Sie eine andere Person und füllen Sie das Formular für sie aus:

Name, Vorname: ....

PLZ, Wohnort: ....

Straße, Hausnummer: ....

Familienstand: ....

Kinder: ....

Geschlecht: ....

Staatsangehörigkeit: ....

Was passt zusammen? Ergänzen Sie den Monat und die Jahreszeit:

1. Es ist heiß. Die Schule hat Ferien.

Monat: A _ _ _ _ _ . Jahreszeit: ....

2. Der Frühling beginnt. Es ist manchmal noch kalt. Die Vögel singen morgens.

Monat: M _ _ _ . Jahreszeit: ....

3. Dieser Monat ist immer windig, kalt und regnerisch.

Monat: N _ _ _ _ _ _, Jahreszeit: ....

4. Der Herbst beginnt. Die Kinder gehen wieder in die Schule und es wird kühler. Äpfel und Birnen sind an den Bäumen.

Monat: S _ _ _ _ _ _ _ . Jahreszeit: ....

5. Dieser Monat ist immer kalt. Oft schneit es. Das neue Jahr beginnt.

Monat: J _ _ _ _ _ . Jahreszeit. ....

6. Es ist Weihnachten. Viele Leute kaufen einen Tannenbaum. Manchmal schneit es.

Monat: D _ _ _ _ _ _ _, Jahreszeit: ....

7. Es ist Karneval. Die Kinder haben bunte Kostüme an. Helau!

Monat: F _ _ _ _ _ . Jahreszeit:..................................

8. Die Blätter an den Bäumen sind rot und gelb.

Monat: O _ _ _ _ _ _ . Jahreszeit: ....

9. Das Wetter ist launisch. Mal regnet es, mal scheint die Sonne, mal schneit es.

Monat: A _ _ _, Jahreszeit: ....

10. Es ist warm und viele Leute fahren in den Urlaub.

Monat: J _ _ _, Jahreszeit: ....

11. Der schönste Monat, sagen viele Leute. Viele Blumen blühen.

Monat: M _ _. Jahreszeit: ....

12. Der Sommer beginnt. Er wird wärmer.

Monat: J _ _ _. Jahreszeit: ....

Schreiben Sie die Zahlen:

Wie viele Jahreszeiten gibt es? ....

Wie viele Tage hat die Woche? ....

Wie viele Monate hat das Jahr? ....